NOTRE-DAME
DE SOUS-TERRE

NOTRE-DAME
DU PILIER

PETIT MANUEL du Pèlerin

A

NOTRE-DAME DE CHARTRES

INDIQUANT

Les Cérémonies, les Cantiques, les Prières en usage

Supplément à la NOTICE ILLUSTRÉE sur N-D DE CHARTRES

DES CLERCS DE NOTRE-DAME

CHARTRES

VOIX DE NOTRE-DAME DE CHARTRES
(36e année d'existence)

Ce pieux journal est l'organe officiel de l'Archiconfrérie de Notre-Dame de Sous-Terre et de l'Œuvre des Clercs. Il tient les fidèles du Diocèse et les serviteurs de Notre-Dame, disséminés partout, au courant de toutes les nouvelles qui concernent le Sanctuaire et l'Œuvre. C'est pourquoi un grand nombre de pèlerins et ceux qui sollicitent ou reçoivent de Notre-Dame de Chartres des grâces signalées, ceux qui portent intérêt à l'Œuvre des Clercs, ont coutume de s'y abonner.

Ce journal paraît tous les premiers samedis de chaque mois, 3 fr.; — il a des *suppléments* hebdomadaires paraissant les samedis de chaque semaine, et affectant un caractère plus diocésain; ceux-ci coûtent en plus, 3 fr.

Les abonnés à la *Voix* mensuelle sont par le fait même membres de l'Archiconfrérie et Bienfaiteurs de l'Œuvre des Clercs.

Pour les abonnements, les cierges, les lampes, les ex-voto, les messes, les neuvaines, les recommandations, la visite de la Sainte-Châsse, les bénédictions, les évangiles, les inscriptions d'enfants voués, s'adresser aux *Chapelains de N.-D.*, près du Pilier.

Pour la visite de la Crypte et des Clochers, pour les souvenirs de pèlerinage, chemisettes, médailles, statuettes, images, photographies, livres, s'adresser au *Concierge de la maison des Clercs*. Le bénéfice est pour l'Œuvre des Clercs.

Par correspondance, pour tout ce qui concerne les pèlerinages, s'adresser à M. l'abbé Clerval, supérieur des Clercs de Notre-Dame, Chartres, Eure-et-Loir.

Principaux Livres du Pèlerinage.

La Neuvaine à Notre-Dame de Chartres	0 20
Guide du Touriste et du Pèlerin	0 50
Petite Monographie de N.-D. de Chartres. . . .	1 »
Histoire de Notre-Dame de Chartres	1 »
Mois de Marie de Notre-Dame de Chartres . . .	0 50
Mandement de Mgr Lagrange sur N.-D de Chartres	0 25

I. — POURQUOI VIENT-ON EN PÈLERINAGE AU SANCTUAIRE DE N.-D. DE CHARTRES ?

1. — Parce que le sanctuaire de Notre-Dame de Chartres est *le plus ancien* de tous les pèlerinages catholiques. La *Vierge devant enfanter* était honorée en ce lieu par nos pères, les Gaulois, avant sa propre naissance et celle de N.-S., dit la tradition.

2. Parce qu'il est l'un des plus *fameux* du monde ; on ne saurait compter les rois, les princes, les gens du peuple, qui, depuis 1500 ans, sont accourus de la France entière et des pays étrangers pour le visiter.

3. Parce qu'il est l'un des *plus beaux* de la chrétienté : nulle part on ne voit une Crypte aussi vaste, une cathédrale aussi grande et aussi belle dans son ensemble et ses parties : c'est le chef-d'œuvre de l'art gothique.

4. Parce que c'est l'un des plus *intéressants pour la piété* : on y vénère deux statues miraculeuses, *Notre-Dame de Sous-Terre* ou la *Vierge devant enfanter*, dans l'église inférieure, *Notre-Dame du Pilier*, dans l'église haute ; et le *Voile* de la Sainte Vierge, la plus belle relique du monde après la sainte Tunique de N.-S.

5. Enfin, parce que c'est l'un des plus *favorisés* de Marie. Autrefois on appelait Notre-Dame de Chartres la *Vierge aux Miracles* : et de nos jours encore elle répand des grâces innombrables, sur les mères, les enfants, les jeunes gens, les malades, les pécheurs, la France et l'Église, comme le prouve l'immense concours de ceux qui ont recours à Elle.

II. — COMMENT SE REND-ON A NOTRE-DAME DE CHARTRES ?

6. **Le Trajet.** — Rien de plus facile : si l'on est 500 l'on prend un *train spécial* à l'heure que l'on veut, avec réduction de 50 % ; il faut prévenir quinze jours à l'avance le chef d'exploitation.

Sinon, l'on prend les trains *ordinaires* : de 25 à 200 l'on a une réduction de 40 % en prévenant le chef d'exploitation (gare Saint-Lazare).

Pour les heures, consulter les indicateurs et s'adresser aux chefs des pèlerinages. Les heures d'arrivée et de départ sont, pour toutes les lignes, très satisfaisantes.

7. **Avant et pendant le trajet.** — L'on doit se proposer d'honorer la sainte Vierge et d'obtenir des grâces spirituelles et temporelles pour sa famille, pour l'Église, la France et pour soi. Il est très louable de se confesser d'avance et de communier à l'autel de N.-D. ou, si ce n'est pas possible, dans

sa paroisse, avant le départ. — Dans le voyage on se groupe autour de MM. les Curés, on porte les insignes de N.-D., c'est-à-dire la médaille et le ruban bleu ; on récite le chapelet, et l'on chante des cantiques. Si l'on est seul, on prie en son particulier.

III. — CE QU'ON FAIT PRÈS DE NOTRE-DAME DE CHARTRES

I. — EXERCICES RELIGIEUX

Le matin. — Les pèlerins vont par petits groupes de la gare à la Cathédrale dont la direction leur est indiquée par les clochers : le trajet est de 10 minutes. Les prêtres qui veulent dire la messe (la messe de *Beata* est permise jusqu'aux doubles de seconde classe) se rendent immédiatement aux deux sacristies de la Cathédrale et de la Crypte, d'où ils sont conduits aux autels préparés pour eux : il y en a 12 en haut et 12 en bas. Ils peuvent mener avec eux leurs paroissiens : pour être sûr de l'autel et de l'heure prévenir.

A l'heure indiquée, les fidèles se rangent dans la grande nef ou dans le chœur, là où se trouve l'autel : dans les grandes affluences on exige l'insigne. MM. les curés, avec leur surplis, dirigent leurs paroissiens.

Messe basse. — Tout le monde doit chanter. 1º Le cantique d'arrivée, *Chartres, salut* (page 14). 2º Le *Credo* à l'unisson. 3º Le cantique : *Dans le vieux sanctuaire* (page 16). Ces cantiques sont aussi beaux que populaires. — Communions. — Courte allocution. — Recommandations et avis pour indiquer l'emploi de la journée et l'heure précise des offices du soir.

La sainte Châsse renfermant le *Voile* précieux est exposée au milieu des flambeaux en avant de l'assistance.

Le soir. — Vers deux heures et quart la réunion se fait au même lieu que le matin. On chante ordinairement les petites Vêpres de la sainte Vierge, l'*Ave Maris stella; le Magnificat*, puis le cantique à N.-D. de Chartres: *Quand nos pères, de la plaine* (page 17). — Exhortation pieuse suivie du salut solennel. MM. les Curés modifient ce programme à leur gré.

Procession à la Crypte. — C'est le moment le plus émouvant de la journée. On a soin de prendre un CIERGE, soit près de la Vierge du Pilier, soit des mains des enfants de chœur qui en distribuent avant la procession le long de la nef et à l'entrée de la Crypte. On le tient à la main en marchant sur deux rangs. On chante le beau cantique: *O Vierge chartraine*, avec refrain *Ave, ave*, qui renferme en poésie toute l'histoire de N.-D. (p. 19). La procession descend la grande nef, s'engage par l'escalier du clocher neuf, sous les voûtes de la vieille Crypte admirablement illuminée, défile devant la Vierge druidique, tourne derrière l'autel en parcourant l'autre bras de la Crypte, remonte par l'escalier du vieux clocher, et revient à Notre-Dame du Pilier où elle s'arrête et se termine. On laisse son cierge près N.-D. du Pilier ou à la sortie de la Crypte et l'on se rend à la gare.

Les personnes venant seules ou en famille faire leur pèlerinage, comme il s'en voit beaucoup, sont prévenues qu'habituellement les dernières messes basses sont dites à 8 h. 1/2, et qu'ensuite elles ne trouveraient que la messe du Chapitre à 9 h. Si elles désiraient entendre une messe à une heure plus tardive, elles devraient écrire d'avance ; on s'efforcerait de satisfaire leur désir, mais ce ne serait pas toujours facile.

D'ailleurs elles pourraient après les messes demander la sainte communion au chapelain de N.-D. du Pilier.

Elles pourraient employer leur journée selon le programme tracé plus bas. Il est surtout recommandé, après avoir prié devant N.-D. du Pilier, de descendre près de N.-D. Sous-Terre, en passant par la Maîtrise. Nulle part, on ne prie mieux.

2. — EMPLOI DU TEMPS LIBRE

1. **Déjeuner.** — Entre les deux exercices religieux on déjeune. Il y a plusieurs hôtels : sur la place Châtelet (Lepicard, etc.) et sur la place des Épars (Grand Monarque, Duc de Chartres, Hôtel de France, etc.), près de la Cathédrale (pâtisserie Villette) auxquelles on peut s'adresser avec confiance; on fera bien d'écrire d'avance.

Les personnes ayant apporté leurs provisions

peuvent les prendre sous les porches ou sur la pelouse de l'Évêché.

Dans les grandes affluences, on trouvera, soit sur la pelouse de l'Évêché, soit dans une salle voisine, un restaurateur qui, à des prix convenables, fournira ce dont on aura besoin, bouillon, parts de viande, vin, etc., etc.

Les groupes de pèlerins, comme pensions, cercles, pourront, en s'y prenant d'avance, s'entendre avec différents restaurateurs qui les recevront dans de grandes salles proches de la Cathédrale pouvant contenir 200 pèlerins et plus.

Les groupes de dames ou de jeunes personnes peuvent être reçus, à condition de prévenir d'avance, dans certaines communautés de la ville.

2. **Visite de la Cathédrale, des clochers, de la crypte, et des Églises de la ville.** — Le meilleur livre pour cette ville est le *Guide du Touriste et du Pèlerin*, **0 fr. 50** et *Notre-Dame de Chartres*, illustrée; édition de luxe, **0 fr. 50**; édition populaire, **0 fr. 20**. — A remarquer:

Dans l'**intérieur**: la longueur totale de l'édifice ($130^m 86$), les dimensions de la nef centrale (long. $73^m 47$; larg. $16^m 40$) et des transepts ($63^m 25$), la majesté des piliers, et la hauteur de la voûte ($37^m 25$) la grandeur du chœur ($38^m 34$), l'admirable groupe de l'*Assomption* qui domine le maître-autel.

La splendeur des 144 verrières, presque toutes du XIIIe siècle, surtout les trois grandes rosaces qui représentent, celles du fond, le *Jugement dernier*.

celle de droite la *Glorification de Jésus-Christ*, celle de gauche, la *Glorification de la Sainte-Vierge*.

La superbe clôture du chœur (XVIe et XVIIe siècle) dont les 40 groupes, tous des chefs-d'œuvre, représentent les principales scènes de la vie de N.-S. et de la Se Vierge et dont les innombrables et fines ciselures font l'admiration de tous les artistes. — Acheter la description du *Tour du Chœur*, avec photogravures, **0 fr. 50**.

Les débris de l'ancien Trésor, la jolie *navette* de nacre du XVIe siècle, le riche tryptique limousin en émail du XIIIe siècle, le gracieux calice d'Henri III, l'autel donné par les Anglais au XIVe siècle — Acheter le *Trésor*, avec photogravures, **0 fr. 50**.

A l'**extérieur** la grandiose façade du XIIe siècle, avec les deux *clochers*, l'un grave, (106 m 50), l'autre riant (115 m, flèche du XVIe siècle), encadrant un porche sévère, plein de figures mystérieuses, qui raconte la *Glorification de Notre-Seigneur*.

Le porche septentrional ou de saint Louis, consacré à la *Glorification de la Sainte-Vierge*, dont les trois baies et les voussures sont remplies de statues merveilleusement belles, représentant les figures, les ancêtres de la Sainte-Vierge et quelques scènes de sa vie.

Le porche méridional, représentant J.-C. dans le *Jugement dernier*, escorté de ses apôtres (baie centrale), des docteurs et des confesseurs (baie de droite), des confesseurs et des martyrs (baie de gauche) ; au-dessus, les rois de Juda.

Examiner aussi l'air puissant et majestueux que les 30 contreforts massifs et les 6 tours inachevées donnent à tout l'ensemble du monument.

Les Clochers : on peut monter au clocher neuf (115 ᵐ) d'où l'on jouit d'un beau coup d'œil sur la Cathédrale et la Beauce, jusqu'à près de dix lieues ; l'entrée est près N.-D. du Pilier.

La Crypte (XIᵉ siècle). — On passe par la Maîtrise (au chevet de l'Église). Remarquer la longueur des galeries (220 mètres), les solides voûtes de Fulbert (l'an 1020) qui supportent la Cathédrale, les mystérieuses chapelles (XIᵉ et XIIᵉ siècle), les débris de l'ancien Jubé avec le cénotaphe de l'évêque saint Calétric (VIᵉ siècle), le baptistère par immersion du XIIᵉ siècle, le caveau de saint Lubin du IVᵉ siècle, les deux ceintures des Hurons et des Abnaquis du XVIIᵉ siècle, et surtout la statue de la Vierge druidique, copie moderne de l'ancienne, brûlée en 1793, avec les innombrables lampes allumées devant elle, sur la demande des fidèles.

Les **Églises** à *visiter* sont : **St-Pierre**, magnifique monument du XIIᵉ et XIIIᵉ siècle, **St-Brice**, du Xᵉ siècle, **St-Aignan**, du XVIᵉ siècle, toutes dignes d'intérêt.

IV. — LES PRATIQUES DE DÉVOTION CHÈRES A NOTRE-DAME ET AUX BONS PÈLERINS.

A Notre-Dame de Sous-Terre. — On fait une bonne station aux pieds de N.-D.-Sous-Terre, et l'on fait brûler un cierge devant elle. Une indulgence plénière est attribuée à la visite de la Crypte, aux conditions ordinaires.

Au Pilier. — A la Cathédrale, on visite la Vierge Noire ou du Pilier, à gauche du chœur ; en baisant sa colonne on peut gagner 40 jours d'indulgence.

Il y a un ou plusieurs Chapelains qui se tiennent toujours près d'elle et sont au service des fidèles.

Evangiles. — On leur demande un Évangile pour les enfants et pour soi : c'est une coutume très suivie et très édifiante.

Bénédictions et indulgences. — On fait bénir ou indulgencier des objets pieux, tels que chapelets, statuettes de Notre-Dame et chemisettes : tous ces objets se trouvent chez le Concierge de la maison des Clercs. On conseille surtout la *chemisette*, ou image du voile de la Très Sainte-Vierge, précieusesement conservé dans l'Église de Chartres. Les chapelains imposent aussi les divers scapulaires.

Lampes. — Cent ou cent vingt *lampes* peuvent brûler à N.-D. de Sous-Terre ; elles coûtent

50 fr. pour un an, 5 fr. pour un mois, 2 fr. pour neuf jours.

Neuvaines de prières. — On demande aussi des neuvaines pour obtenir différentes grâces temporelles et spirituelles, telles que guérisons, conversions, heureuses délivrances, succès dans les examens, bonnes premières communions, etc. Ces neuvaines de prières sont faites par les Clercs de Notre-Dame de Chartres auxquels s'associent les membres de l'Archiconfrérie de Notre-Dame de Sous-Terre. Elles commencent le soir même du jour où est arrivée la demande. Les fidèles peuvent, de leur côté, se servir utilement, pendant ces neufs jours, du petit livre intitulé : *Neuvaine à Notre-Dame de Chartres*, 0 fr. 20. L'offrande habituelle à l'occasion de ces prières est facultative.

Recommandations. — Chaque Samedi, à la Crypte, après l'une des messes dites à l'autel de Notre-Dame de Sous-Terre, on lit les demandes de *recommandations aux prières* adressées aux chapelains dans le cours de la semaine ; elles sont toujours nombreuses, venant de tous les points de la France et même de l'étranger.

Ex-voto. Actions de grâces. — Beaucoup de personnes, ayant été exaucées par Notre-Dame de Chartres, souvent d'une manière merveilleuse, veulent lui témoigner leur reconnaissance. Dans ce but, elles donnent soit une plaque commémorative, soit un ornement ou autre objet utile, et plus souvent une offrande. Elles se font un devoir d'informer les chapelains de la grâce accordée, et leur action de grâces est insérée dans la *Voix de Notre-Dame*, si elles le désirent, ou plus simplement dans un Registre des faveurs extraordinaires dues à Notre-Dame de Chartres, qui est ouvert au Pilier et tenu avec soin.

Couronnes à Notre-Dame de Chartres et Confrérie du Saint Cœur de Marie. — Les pèlerins feront bien aussi de former des *Couronnes de neuf personnes* donnant chacune 0 fr. 45 par an, pour l'entretien de *neuf lampes*, pour les frais de la Confrérie, la décoration des chapelles du Pilier, de Notre-Dame de Sous-Terre et de toute la Crypte. — En retour, ils recevront, un *souvenir annuel*, et auront part aux messes célébrées le premier dimanche et le troisième samedi de chaque mois et aux fêtes principales de la Sainte-Vierge, ainsi qu'aux recommandations qui se font à la procession du premier dimanche de chaque mois.

Œuvre des Clercs de Notre-Dame de Chartres, soutenue par l'Archiconfrérie de Notre-Dame de Sous-Terre. — L'Œuvre des Clercs et l'Archiconfrérie de Notre-Dame de Sous-Terre se recommandent aux serviteurs de Marie par leur but qui est de propager autant que possible la dévotion à Notre-Dame de Chartres et de former pour le sacerdoce et le culte de Notre-Dame des enfants d'élite, de tous les pays, ayant d'heureuses aptitudes pour la science et la piété, mais que leur position de fortune empêche d'entrer dans les Séminaires. Ce sont les *enfants de chœur* de la Maîtrise de Notre-Dame de Chartres. Elevés près de ce sanctuaire qu'ils rehaussent par leurs cérémonies, leurs costumes et leurs chants, ils sont bien sympathiquement connus des chartrains et des pèlerins. Cent cinquante prêtres sont sortis de leurs rangs depuis 1863.

Les clercs sont actuellement *cent trente*. Leur existence est le *Miracle perpétuel* de Marie. L'*Œuvre des Clercs* (absolument distincte de l'*Œuvre des Séminaires*) n'a d'autre soutien que la générosité des pieux fidèles et des membres de l'Archiconfrérie de Notre-Dame de Sous-Terre.

Ces derniers paient le *Denier de Notre-Dame*, c'est-à-dire trois francs par an, moyennant quoi ils reçoivent la *Voix de Notre-Dame*, organe mensuel de l'Œuvre et de l'Archiconfrérie (avec un supplément hebdomadaire, 3 fr. en plus); trois personnes donnant chacune un franc peuvent aussi la recevoir.

Tous sont bienfaiteurs de l'Œuvre et ont droit à ses *Indulgences*, aux prières des jeunes clercs et à des messes dites à leur intention le samedi de chaque semaine et le 25 de chaque mois.

Les confréries de la Ste-Vierge, surtout celles du diocèse, sont exhortées à s'affilier à l'Archiconfrérie de Notre-Dame de Sous-Terre, aux conditions précédemment indiquées.

Consécration des enfants. — Un grand nombre de mères chrétiennes *vouent* leurs enfants à Notre-

Dame de Chartres, soit avant la naissance, soit à l'époque du baptême, soit plus tard, surtout en cas de maladie, pour une ou plusieurs années, souvent jusqu'à sept ans et jusqu'à la première communion.

On envoie aux chapelains les noms de l'enfant qui sont inscrits sur le registre spécial : on leur fait porter cordon, scapulaire, médaille, et si c'est possible, les couleurs de la Sainte-Vierge — tous les ans, on verse une offrande d'un franc, on fait brûler un cierge, et on lui fait dire un Évangile aux principales fêtes. On l'amène au moins une fois dans l'année à Notre-Dame du Pilier ; et on choisit les fêtes de la Sainte-Vierge, autant que possible la fête de la Nativité, 8 septembre. — Lorsque l'on ne peut venir, on charge quelque personne de remplir les mêmes actes de piété à l'intention de l'enfant.

Plusieurs personnes font célébrer une messe à l'intention de leur enfant, aux grandes fêtes de Notre-Dame. Chaque mois, le premier mardi, une messe est dite à Notre-Dame de Sous-Terre, en l'honneur de la Sainte-Vierge, reine des anges gardiens. Chaque jour des prières sont faites par le Chapelain et les Clercs de Notre-Dame.

On récite d'abord pour l'enfant puis on lui fait réciter les prières suivantes : Souvenez-vous, ô très pieuse... Divin enfant Jésus, ayez pitié de nous ; Notre-Dame de Chartres, protégez-nous, Saints Anges gardiens, veillez sur nous. On dit aussi la prière d'une *Mère pour son enfant* (à la fin du *Manuel*).

V

CE QU'ON CHANTE PRÈS DE N.-D. DE CHARTRES

I. A L'ARRIVÉE

Le Salut du Pèlerin à N.-D. de Chartres.

AIR : *Sainte Cité, demeure permanente*, (Cantique des Frères)

1. Chartres, salut ! Voici ta basilique,
   A mes regards découvrant ses splendeurs !
   Du ciel je crois contempler le portique,
   Et de mon Dieu j'adore les grandeurs.

   Refrain : O Notre-Dame,
   En ce saint lieu,
   Bénissez l'âme,
   Qui par vous s'offre à Dieu ! } *bis.*

2. Temple admiré ! Sublime Cathédrale !
   Bras de géant d'où s'élance la croix,
   Flèches montez !... Plus haut monte et s'exhale
   Notre prière, humble et forte à la fois. — *O N.-D.*

3. Partout la Vierge !... Et de sa douce image
   La vue inspire un salutaire émoi.
   Voilà ma Reine ! Elle attend mon hommage.
   Voilà son Fils, mon Sauveur et mon Roi. — *O N.-D.*

4. Sur son *Pilier* si la Madone antique
   Semble sourire à ses enfants pieux,
   C'est que nos vœux et notre ardent cantique
   Jusqu'à son cœur s'élèvent dans les cieux. — *O N.-D.*

5. Comme autrefois *Notre-Dame-Sous-Terre*
   Voit à ses pieds les foules accourir.
   De son église elle a fait un parterre
   Où pour nous tous la grâce doit fleurir. — *O N.-D.*

6. L'art et l'amour semèrent des merveilles
   Sur les parois du monument chartrain,
   Songeons surtout aux faveurs non pareilles
   Que prodigua Marie au Pèlerin. — *O Notre-Dame.*

7. De vos bienfaits oh! quels précieux gages!
   Il nous est cher votre *Voile* sacré!
   Princes et Rois, chrétiens de tous les âges,
   Mère, avant nous l'ont ici vénéré. — *O Notre-Dame.*

8. Sur ses autels que nous montre Marie?
   C'est son Jésus!... Qu'il nous donne la *foi*,
   L'*espoir*, l'*amour*, fruit de l'Eucharistie,
   L'*obéissance* à sa divine loi! — *O Notre-Dame,*

9. Dame de Chartre, il n'est point de souffrance
   Qui sollicite en vain votre secours,
   Secourez donc et l'Église et la France !
   Nous demandons pour elles d'heureux jours. — *O N.-D.*

   Mai 1892.

   Goussard, *Chanoine.*

II. A LA FIN DE LA MESSE

La Prière du Pèlerin à Notre-Dame de Chartres

Air : *Goûtez, âmes ferventes.*

1.	*Refrain :*
Dans le vieux sanctuaire	Entends, Vierge Chartraine,
Où priaient nos aïeux,	Le cri de notre foi :
Jetons notre prière	Oui, toujours notre Reine,
Et qu'elle monte aux cieux.	Notre Mère, c'est toi !

2.

A l'enfance chrétienne
Montre ton doux Jésus,
Et de toi qu'elle obtienne
Les candides vertus.

3.

Bénis l'amour des mères
Puisque tu le connais :
Rallume au cœur des pères
La foi des vrais Français.

4.

L'infirme en sa misère
T'implore par nos voix,
Car ta main, il l'espère,
Guérit comme autrefois.

5.

Au pécheur qui chancelle
Donne le repentir,
Et si Dieu le rappelle
Oh ! fais-le bien mourir.

6.

La jeunesse à l'école
Se forme pour demain,
Garde son auréole,
Montre-lui son chemin.

7.

Embrase de ta flamme
Son esprit et son cœur :
Qu'elle se fasse une âme
Sans reproche et sans peur.

8.

Garde dans notre armée
L'esprit chrétien des preux,
Pour que la France aimée
Toujours compte sur eux.

9.

Que par toi la patrie
S'ouvre encore à l'espoir,
Ton regard, ô Marie,
Rend notre ciel moins noir.

10.

Toi qui fis notre histoire
Si féconde en hauts faits,
Conserve-nous la gloire
La liberté, la paix.

11.

Si l'Eglise en détresse
Implore un défenseur,
Que ta main vengeresse
Triomphe de l'erreur.

12.

Dans le cri qui t'acclame
Sont unis tous nos vœux :
Entends-le, Notre-Dame,
Tu le peux, tu le veux !

S. V.

III. APRÈS LES VÊPRES

Les Pèlerins de tous les siècles aux pieds de Notre-Dame de Chartres.

Air de Saboly : *O Marie, La Patrie.* V. Gravier, *Chants de pèlerinage.*

1.
Quand nos pères, de la plaine
Voyaient ton temple immortel,
Ils lançaient à perdre haleine
Leur prière à ton autel.

Refrain :
Notre-Dame
Sur notre âme
Jette les yeux :
A l'exemple des aïeux
Nous t'apportons nos vœux.

2.
De tous les points de la France
Le peuple, les rois, les saints,
Venaient prier ta puissance
Et chercher les dons divins.

3.
Ils aimaient, ô Vierge mère,
Ton Jésus sur tes genoux :
Nous l'aimons : c'est notre frère
Rends-le propice pour tous.

4.
De nos Cryptes le silence
Leur semblait prendre une voix :
Car c'est là que par avance
Te chantaient les vieux Gaulois.

5.
Au marbre de ta colonne
Leur lèvre imprimait leurs vœux :
Oui, ton Pilier est un trône,
D'où tu bénis comme aux cieux.

6.
Dans ton Voile séculaire
Vrai trésor de la cité,
Ils saluaient la bannière
Qui sauva leur liberté.

7.
Ils portaient sa fière image
Qui rayonnait sur leurs cœurs :
Nous la portons, comme gage
Qui tous nous rendra vainqueurs.

8.
Le passé se renouvelle
Et dans ses jours les plus beaux :
Aïeux, pour voir notre zèle
Levez-vous de vos tombeaux.

9.
Ensemble, ô Vierge chartraine,
Les Français de tous les temps,
T'acclament comme leur Reine
Et se disent tes enfants.

S. V.

IV. PENDANT LA PROCESSION A LA CRYPTE

Le Poème de Notre-Dame de Chartres*.

Refrain : *Ave (ter) Maria.*

1.
O Vierge Chartraine,
Bénis tes enfants :
C'est ta gloire, ô Reine,
Qui dicte nos chants.

2. — *La Vierge druidique.*
Avant ta naissance
Nos pères Gaulois
Priaient ta clémence
Au fond de leurs bois.

3.
Ici ton image,
Près de l'*Autura*,
Reçut leur hommage
O *Paritura* !

4.
Le Barde à sa lyre
Confiait ton nom,
Et de son empire
Leur roi te fit don.

5.
Bientôt l'Évangile
Eclaira ces lieux,
Et leur cœur docile
Sut te prier mieux.

6.
Du démon la rage
Redouble d'efforts,
Pour toi dans l'orage
Meurent nos *Sts Forts*,

7.
De la foi chartraine
Les Francs sont les fils,
Car notre *Solenne*,
Instruisit Clovis.

8. — *Le Voile.*
Chartres était digne
D'un merci de Dieu :
Ta relique insigne
L'apporte en ce lieu.

9.
Un roi nous confie,
Dépôt vénéré,
Ton *Voile*, ô Marie,
Ton *Voile* sacré.

10.
Ta chair virginale
Y mit ses vertus ;
Ton parfum s'exhale
De ses fins tissus.

11.
Ton fils, Vierge sainte,
Dormant sur ton sein
Y laissa l'empreinte
De son front divin.

12.
Ton Église aimée
En fait notre sceau :
Il vaut une armée,
C'est notre drapeau !

* Une édition soignée de ce cantique se vend à la Maison des Clercs, o fr. o5 c.

13.
Mieux que les batailles
Son aspect confond,
Et de nos murailles
Il chasse l'affront.

14.
Rollon voit en fuite
Ses hommes du Nord,
Et chrétien ensuite
Dote ton trésor.

15.
Céleste oriflamme.
Défends-nous toujours,
Et quand lutte une âme
Porte-lui secours.

16. — *La Cathédrale*.
Bientôt ta relique
S'abrite à couvert,
Dans la basilique
Qu'élève *Fulbert*.

17.
Comme une auréole
Autour de ton front,
Il fonde une Ecole
Où tout dit ton nom.

18.
D'une foi plus vive
On va vers ton cœur,
Quand la fierté d'*Yve*,
Rappelle à l'honneur.

19.
Notre Cathédrale
Monte jusqu'aux cieux,
Et sans qu'elle égale
L'amour des aïeux.

20.
Ses deux bras de pierre
ortent à tes pieds
L'ardente prière
De peuples entiers.

21.
Tous pour Notre-Dame
Sont pleins d'un beau feu,
Chacun se proclame,
Logeur du Bon Dieu.

22.
En vain l'incendie
S'attaque à son mur :
L'œuvre plus hardie
Dresse son front sûr.

23.
Les arts symboliques
Groupent en essaims
Sous ses trois portiques
Un monde de Saints.

24.
Les mille verrières
Qu'offre *Saint Louis*
Jettent leurs lumières
Aux yeux éblouis.

25.
Enfin l'huile sainte,
Sacre sa paroi ;
On voit dans l'enceinte
Prier le bon roi.

26.
Témoin du vieil âge,
Des Français l'honneur,
Ce temple est l'hommage
Vierge, de leur cœur.

27. — *Les Miracles.*
C'est un tabernacle
Elevé pour toi,
Aussi le miracle
Répond à leur foi.

28.
Nos pages sont pleines
De tes pieux dons,
Comme on voit nos plaines
S'emplir de moissons.

29.
Quand vient sur la France
L'effort des *Anglais*,
Ici ta puissance
Impose la paix.

30.
L'hérésie altière
Nous force aux combats,
Mais ton cœur de mère
Vaut tous les soldats.

31.
Ta présence empêche
Un trop juste émoi,
Et sur notre *Brèche*,
Tu sauves la foi.

32.
Ta paisible image,
En son « tablier »
Arrête la rage
Du plomb meurtrier.

33. — *Les Rois et les Saints.*
Bientôt l'hérésie
S'enfuit à jamais,
Ta cité choisie
S'ouvre au *Béarnais*.

34.
De notre croyance
Il reprend la loi :
Chartres, pour la France,
Sacre son grand roi.

35.
O voûte bénie
Redis-nous l'amour
De la France unie
En cet heureux jour !

36.
D'ailleurs d'âge en âge
Tu vis bien des fois
Le pèlerinage
Des *Saints* et des *Rois*.

37.
Le Saint pour son âme
Trouve la ferveur,
Du Roi, Notre-Dame
Bénit la grandeur.

38.
Souvent la Patrie
T'implorant par eux,
Heureuse ou flétrie,
Vit combler ses vœux.

39. — *De nos jours.*
En grâces pareilles
Nos temps sont féconds :
Toujours en merveilles
Ici tu réponds.

40.
Un jour sur ta ville,
S'abat le fléau,
Il frappe, il mutile
Ouvrant le tombeau.

41.
Mais l'auguste *Châsse*
De son temple sort,
Et le salut passe
Confondant la mort.

42.
Pour notre Madone
La croissante ardeur
Fait de sa *colonne*
Un trône d'honneur.

43.
Le Pasteur suprême
Met au nom du Ciel
Un saint diadème
Au front maternel.

44. — *La Crypte.*
La *Crypte* profonde
Reprend ses splendeurs :
La foule l'inonde
Chantant tes grandeurs.

45.
L'art trace ta gloire,
En son long parcours,
En peignant l'histoire
De nos anciens jours.

46.
On entend nos pères
Dans ses souterrains,
Et le son des pierres
Dit leurs vieux refrains.

47.
Dans leur Grotte obscure
C'est là qu'autrefois
La Vierge future
Sourit aux Gaulois.

48.
Sous la même voûte,
Depuis neuf cents ans,
Notre-Dame écoute
Les mêmes accents.

49. — *Prière.*
Aïeux, nos modèles
Soyez-en témoins :
Nos âmes fidèles
Ne l'aiment pas moins.

50.
Oui, partout rayonne
L'éclat de son front,
Et partout résonne
L'écho de son nom.

51.
Aussi l'espérance
Fait vibrer nos voix :
Montre ta clémence
Ainsi qu'autrefois.

52.
L'Église et la France
Comme aux anciens jours
Mère, à ta puissance,
Par nous ont recours.

53.
L'Église t'en prie,
Garde notre foi :
Défends la patrie :
La France est à toi !

54.
Et qu'ici toute âme
Invoquant ton cœur
Trouve, ô Notre-Dame,
Soutien et bonheur.

S. V.

VI

LES PRIÈRES QUE L'ON DIT PRÈS DE N.-D. DE CHARTRES

I. LITANIES DE NOTRE-DAME DE CHARTRES

Seigneur, *ayez pitié de nous.*
Jésus-Christ, *ayez pitié de nous.*
Seigneur, *ayez pitié de nous.*
Jésus-Christ, *écoutez-nous.*
Jésus-Christ, *exaucez-nous.*

Père céleste, qui êtes Dieu, *ayez pitié de nous.*
Fils Rédempteur du monde, qui êtes Dieu, *ayez pitié de nous.*
Esprit-Saint, qui êtes Dieu, *ayez pitié de nous.*
Trinité sainte, qui êtes un seul Dieu, *ayez pitié de nous.*
Sainte-Marie, Notre-Dame de Chartres, *priez pour nous.*
N.-D. de Chartres honorée par les druides avant votre naissance, *priez pour nous.*
N.-D. de Chartres invoquée par nos pères pendant votre vie mortelle, *priez pour nous.*
N.-D. de Chartres, source de la piété de nos aïeux, *priez.*
N.-D. de Chartres, force des remparts de votre cité favorite, *priez pour nous.*
N.-D. de Chartres, miraculeuse en vos saintes images, *priez.*
N.-D. de Chartres, notre sécurité dans les périls, *priez.*
N.-D. de Chartres, notre consolatrice dans les afflictions, *priez pour nous.*
N.-D. de Chartres, notre refuge dans les malheurs, *priez.*
N.-D. de Chartres, notre libératrice dans les tentations, *priez.*
N.-D. de Chartres, notre santé dans les maladies, *priez.*
N.-D. de Chartres, soutien des faibles, *priez pour nous.*
N.-D. de Chartres, protectrice des étudiants, *priez pour nous.*
N.-D. de Chartres, bouclier du soldat, *priez.*
N.-D. de Chartres, salut du nautonnier, *priez.*
N.-D. de Chartres, tutelle des orphelins, *priez.*
N.-D. de Chartres, doux espoir des mères, *priez.*

N.-D. de Chartres, secours des enfants, *priez pour nous.*
N.-D. de Chartres, lumière des aveugles, *priez.*
N.-D. de Chartres, ouïe des sourds, *priez.*
N.-D. de Chartres, espérance des désespérés, *priez.*
N.-D. de Chartres, ravissant à la mort ses victimes, *priez.*
N.-D. de Chartres, refuge assuré des pécheurs, *priez.*
N.-D. de Chartres, trésor des pauvres, *priez.*
N.-D. de Chartres, gardienne de la France, *priez pour nous.*
N.-D. de Chartres, terreur de nos ennemis, *priez pour nous.*
N.-D. de Chartres, qui défendez le Saint-Siège apostolique, *priez pour nous.*
N.-D. de Chartres, qui avez écrasé l'hérésie, *priez pour nous.*
N.-D. de Chartres, objet du culte et de la vénération de tout l'Occident, *priez pour nous.*
N.-D. de Chartres, si chère aux pèlerins, *priez.*
N.-D. de Chartres, souvent visitée par les rois et les princes de la terre, *priez pour nous.*
N.-D. de Chartres, assise sur un trône d'où vous répandez tant de faveurs, *priez pour nous.*
N.-D. de Chartres, élevée sur une colonne couverte de tant de baisers, *priez pour nous.*
N.-D. de Chartres, reine du clergé, *priez pour nous.*
N.-D. de Chartres, conçue sans la tache du péché originel, *priez pour nous.*
N.-D. de Sous-Terre, *priez pour nous.*
N.-D. du Pilier, *priez pour nous.*
N.-D. de Chartres, notre secours pendant la vie et à l'heure de notre mort, *priez pour nous.*
Par votre saint Vêtement que Chartres a le bonheur de posséder, *exaucez-nous.*
Agneau de Dieu, qui effacez les péchés du monde, *pardonnez-nous Seigneur.*
Agneau de Dieu, qui effacez les péchés du monde *exaucez-nous Seigneur.*
Agneau de Dieu, qui effacez les péchés du monde, *ayez pitié de nous Seigneur.*
Jésus-Christ, *écoutez-nous.*
Jésus-Christ, *exaucez-nous.*
  v. N.-D. de Chartres, *priez pour nous.*
  r. Afin que nous devenions dignes des promesses de J.-C.

II. PRIÈRE A NOTRE-DAME DE CHARTRES

VIRGINI PARITURÆ

O Notre-Dame de Chartres, ma Mère et ma souveraine, avec quel bonheur je me prosterne à vos pieds ! Nul ne peut dire tous les prodiges que vous opérez chaque jour en faveur des âmes qui vous invoquent; aussi quelle confiance, quel amour anime tous vos enfants !

Vierge aux miracles, comme vous appelaient nos pères, guérissez ceux qui souffrent, consolez ceux qui pleurent, préservez les familles, protégez les enfants. La tendre sollicitude de votre cœur maternel veille sur les justes pour les soutenir, sur les pécheurs pour les convertir, sur les prêtres pour les fortifier, sur les fidèles pour les sauver. De votre crypte vénérée, Notre-Dame de Sous-Terre, *soyez toujours la source de la grâce !* De votre trône sacré, que tant de fois nous baisons avec respect, Notre-Dame du Pilier, soyez toujours la dispensatrice des trésors célestes. Malgré mon indignité, j'ose vous demander ma part à vos innombrables bienfaits ; vous m'exaucerez, ô Notre-Dame de Chartres, afin que la gloire de votre nom brille du plus vif éclat dans les siècles des siècles. Ainsi soit-il.

(40 j. d'indulg.)

III. AUTRE INVOCATION

O Vierge immaculée, *qui devez enfanter*, à la Grâce et à la Gloire tous les élus de Dieu, daignez me recevoir dans votre sein maternel et me former en vous pour que je ressemble à Jésus !

CHARTRES. — IMPRIMERIE GARNIER

IV. PRIÈRE D'UNE MÈRE POUR SON ENFANT A NOTRE-DAME DE CHARTRES

VIRGINI PARITURÆ

O glorieuse et très-sainte Mère de Notre-Seigneur Jésus-Christ, Notre-Dame de Chartres, vous que dans tous les siècles on invoqua comme la *Vierge devant enfanter*, vous dont le saint vêtement a toujours été la protection spéciale des mères et des enfants, vous connaissez les craintes et les espérances qui agitent mon cœur ; je mets en vous toute ma confiance, exaucez-moi. Que mon enfant soit votre enfant ; je vous le donne, il faut que vous soyez sa mère ; aimez-le comme je l'aime : je suis sa mère aussi, mais je veux le regarder comme un précieux dépôt que vous daignez confier à mes soins. Donnez-moi la vigilance, donnez-moi la patience, donnez-moi la fermeté, afin que sous ma garde il soit à l'abri de tout danger, que je supporte toutes mes peines, que j'aie la force de le guider dans la vertu par mes prières, par mes conseils, par mes exemples. Rendez-le docile, donnez-lui la sagesse, inspirez-lui la piété. Défendez-le contre le démon, contre le monde, contre son propre cœur, afin qu'au ciel j'aie le bonheur de le voir avec moi auprès de vous pendant toute l'éternité. Ainsi soit-il.

GRANDES CÉRÉMONIES ANNUELLES

1º Le 31 mai, *anniversaire* du couronnement de Notre-Dame de Chartres, au nom du Saint-Père. Le soir, salut solennel et procession dans l'intérieur de l'église; on y porte en triomphe la statue de Notre-Dame du Pilier.

2º Fête et octave de la Nativité. Le 8 septembre est la fête par excellence des *enfants voués* à Notre-Dame. La Cathédrale est remplie de mères portant leurs petits sur leurs bras et les offrant à la Sainte-Vierge. — Le soir du 15 septembre a lieu une magnifique procession aux flambeaux dans tout le pourtour de la Crypte illuminée; cette cérémonie attire chaque année *beaucoup d'étrangers.* C'est le 15 septembre 1857 qu'a été inaugurée la nouvelle statue de Notre-Dame de Sous-Terre.

3º Le 8 décembre, en commémoration de la proclamation du dogme de l'Immaculée-Conception, procession *aux flambeaux* à la Crypte.

4º Le jour de l'Assomption, la sainte Châsse est portée solennellement par des chanoines dans les rues de la cité.

NOTRE-DAME DE CHARTRES
NOTICE ILLUSTRÉE
De 32 Pages et 32 Gravures (édition populaire)
De 80 Pages et 34 Gravures (édition de luxe)

Cette petite brochure est indispensable aux pèlerins qui, sans elle, ne connaîtront jamais les beautés de NOTRE-DAME DE CHARTRES. C'est un excellent *Souvenir de pèlerinage* à garder pour soi et à distribuer aux autres. On peut le donner comme *récompense* aux enfants des écoles et des catéchismes, surtout s'ils ont été voués, et en faire *présent* à ses amis.

Edition populaire (32 pages et 32 gravures)

L'unité, **0** fr. **20**; par la poste, **0** fr. **25**.
La douzaine, **1** fr. **80** (0,15 l'ex.); par la poste, **2** fr.
La cinquantaine, **7** fr. **60**; par la poste, **8** fr. **45**.
Le cent, **12** fr. **50** (0,125 l'ex.); par la poste, **13** fr. **50**
Le mille, **100** fr. (0,10 l'ex.); par la poste, **110** fr.

Edition de luxe (80 pages, 34 illustrations)

L'unité, **0** fr. **50**; par la poste, **0** fr. **60**.

Se vend: CHARTRES, à la Maison des Clercs et chez les Libraires

www.ingramcontent.com/pod-product-compliance
Lightning Source LLC
Chambersburg PA
CBHW060917050426
42453CB00010B/1785